GERSTENBERG

INHALT

Die Römer eroberten Britannien 43 n. Chr. und gründeten Londinium, das heutige London. Im 5. Jahrhundert wurde die Stadt aufgegeben.

Der Große Brand von London brach am 2. September 1666 in einer Backstube in der Pudding Lane aus.

Auf den Londoner Straßen hört man 300 Sprachen – mehr als in jeder anderen Stadt der Welt.

In London gibt es 857 Kunstgalerien. Drei der zehn führenden Museen und Galerien der Welt befinden sich hier.

Über 40 % der Stadtfläche sind Grünanlagen, darunter acht königliche Parks.

EINWOHNERZAHL: 8,3 MILLIONEN

Ungewöhnliche Londoner Straßennamen sind die Ha Ha Road und die Frying Pan Alley („Bratpfannengasse“).

Hongkong wurde 214 v. Chr. von Qin Shihuangdi ins chinesische Kaiserreich eingegliedert. Das Mausoleum dieses Kaisers wird von der berühmten Terrakotta-Armee bewacht.

Spuren frühester Besiedlung Hongkongs sind rund 35 000 Jahre alt und wurden in der Nähe des Hauptflughafens gefunden.

Die Briten besetzten Hong Kong Island im Januar 1841. Im August 1842 wurde ihre Herrschaft vertraglich besiegelt.

Anders als in China, wo auf der rechten Seite gefahren wird, fahren die Autos in Hongkong links.

Hongkong ist eine der am dichtesten bewohnten Städte der Welt. Weil Wohnraum so knapp ist, werden neuerdings sogenannte Mückenwohnungen gebaut: Sie sind im Durchschnitt 17 m² groß.

Hongkonger haben weltweit die höchste Lebenserwartung.

Hongkong ist berühmt für seine Dschunken, traditionelle Holzschiffe, die es bereits im 2. Jahrhundert in der Han-Dynastie gab. Dem chinesischen Glauben zufolge besänftigt die rote Farbe der Segel den Wolkendrachen, der sonst Unwetter bringt.

Der Hongkonger Hafen, Victoria Harbour, ist für seine Skyline berühmt. Nachts findet hier die weltgrößte dauerhafte Lichtshow statt. Dann jagen Laser und Lichtkegel begleitet von Musik übers Wasser und die Gebäude.

In den Hongkonger Gewässern lebt der Chinesische Weiße Delfin – der gar nicht weiß, sondern schweinchenrosa ist. Die Art ist vom Aussterben bedroht.

HONGKONG

KANTONESISCH FÜR „DUFTENDER HAFEN“

Gut 150 Jahre lang war Hongkong britische Kolonie. Am 30. Juni 1997 gab Prinz Charles die Stadt offiziell an China zurück.

Hongkong hat zwei Amtssprachen: Kantonesisch und Englisch.

EINWOHNERZAHL: 7,3 MILLIONEN

Niederländische Kolonisten gründeten die Stadt 1624 als Handelsposten. Sie nannten sie Neu-Amsterdam.

George J. Lankevich schrieb über NYC: Hier leben „mehr Juden als in Tel Aviv, mehr Iren als in Dublin, mehr Italiener als in Neapel ...“

Seit 1908 wurden im Central Park 240 Spielfilme gedreht. Der erste war eine Verfilmung von *Romeo und Julia*.

Im Trinkwasser der Stadt lebt ein winziges Tierchen: der Ruderfußkrebs.

Der Times Square ist nach der *New York Times* benannt, die dort ihren Redaktionssitz hat.

Albert Einsteins Augen werden in einem Safe in New York aufbewahrt.

Die Sultan-Ahmed-Moschee wurde zwischen 1609 und 1616 erbaut. Sie wird auch „Blaue Moschee“ genannt.

1930 gab Mustafa Kemal Atatürk, der Begründer der Türkei, der Stadt offiziell ihren heutigen Namen.

Der Bosporus trennt den asiatischen vom europäischen Teil Istanbuls.

Der Große Basar ist mit weit mehr als 5000 Geschäften an etwa 60 Straßen und Gassen der größte überdachte Markt der Welt.

Der Topkapı-Palast – heute ein Museum – war fast 400 Jahre lang Sitz der osmanischen Sultane.

EINWOHNERZAHL: 14 MILLIONEN

Tulpen – das Nationalsymbol der Niederlande – stammen ursprünglich aus der Türkei und wurden von hier aus nach Europa eingeführt.

Rio de Janeiro wurde 1565 von den Portugiesen gegründet. Als Brasilien 1822 seine Unabhängigkeit von Portugal erklärte, wurde Rio Hauptstadt – bis 1960.

„HIER DÄMMERT DER MORGEN WIE ÜBERALL AUF DER WELT, DOCH DANN IST DA DIESE SCHWINGUNG, ALS HÄTTEN DIE DINGE EINANDER DES NACHTS GELIEBT.“ CARLOS DRUMMOND DE ANDRADE

Rio de Janeiro

Die Christusstatue, die 1931 vollendet wurde, steht auf dem Gipfel des Corcovado auf 700 m Höhe.

Die Statue besteht aus Stahlbeton und Abertausenden kleiner Speckstein-Plättchen. Das komplette Baumaterial musste mit dem Zug den Corcovado hinauftransportiert werden.

Mitsamt dem Sockel von 8 m ist die Statue 38 m hoch. Die Arme haben eine Spannweite von 28 m.

„Cristo Redentor“ wird oft von Blitzen getroffen. Bei einem Unwetter 2014 verlor er einen Finger.

Von 1808 bis 1822 lebte die portugiesische Königsfamilie hier im Exil. Rio wurde zwischenzeitlich zur Hauptstadt Portugals.

1711 besetzten Franzosen die Stadt. Die Portugiesen mussten ein Lösegeld von 612 000 Goldcruzados und 100 Kisten Zucker zahlen.

Im frühen 18. Jahrhundert folgten zahlreiche Europäer dem Lockruf der nahe gelegenen Diamant- und Goldminen.

Angeblich hielten die Portugiesen, die im Januar 1502 Rio erreichten, die Bucht für eine Flussmündung. Sie tauften das Gebiet Río de Janeiro („Januar-Fluss"), obwohl gar kein Fluss in der Nähe ist.

Die Sterne auf der brasilianischen Flagge stellen den Nachthimmel über Rio am 15. November 1889 dar: Damals wurde der Kaiser gestürzt und die Republik ausgerufen.

Die Einwohner Rios heißen Cariocas.

Am Freitag vor Aschermittwoch beginnt in Rio alljährlich der größte Karneval der Welt. Fünf Tage lang strömen mehr als zwei Millionen Menschen auf die Straßen, um Festzüge, Sambatänzer und Kostüme zu bestaunen.

RIO IST BEKANNT FÜR SEINE STRÄNDE WIE DEN 4 KM LANGEN STRAND VON COPACABANA.

Rios Hafen ist von zahlreichen Bergen wie dem 396 m hohen Zuckerhut umgeben. Eine vollverglaste Seilbahn bringt Besucher von der Talstation zum Gipfel.

Am Silvesterabend versammeln sich die Menschen am Strand. Dort zünden sie Feuerwerke und lassen mit Blumen gefüllte Boote zu Wasser, um Yemayá, die Göttin des Meeres, zu ehren.

Samba – sowohl die Musik als auch der typisch brasilianische Tanz – ist enorm beliebt. Es gibt in Rio mehr als 100 Sambaschulen.

EINWOHNERZAHL: 6,5 MILLIONEN

Rom liegt zu beiden Seiten des Tibers in Mittelitalien. Die antike Stadt wurde auf sieben Hügeln erbaut: Aventin, Caelius, Esquilin, Kapitol, Palatin, Quirinal und Viminal.

Rom war die Hauptstadt des Römischen Reiches (ca. 8. Jahrhundert v. Chr. bis 7. Jahrhundert n. Chr.) und ist seit 1871 die Hauptstadt Italiens.

Die Ewige Stadt

ROM

Einen enormen Aufschwung erfuhr die Stadt während der Römischen Republik (509–27 v. Chr.).
Zeitweise wurde von hier aus der ganze Mittelmeerraum kontrolliert – der Stadt kam eine unschätzbar wichtige Rolle zu.

Unter Kaiser Vespasian erbaut und 80 n. Chr. vollendet, ist das Kolosseum bis heute das größte Amphitheater der Welt.

Bis ins 6. Jahrhundert wurden hier Gladiatorenkämpfe und Tierhetzen ausgetragen und sogar Seeschlachten nachgestellt.

Zwischen den von Zehntausenden Sklaven errichteten steinernen Säulen und Bogen fanden über 50 000 Zuschauer Platz.
Der Kaiser benutzte einen Privateingang und verfolgte die Spiele aus seiner eigenen Loge.

Die Akteure hielten sich in den Kammern und Gängen unterhalb des Kolosseums auf, bis sie die Arena durch eine der 36 Falltüren betraten.
Der Arenaboden war mit Sand bedeckt, der oft rot gefärbt wurde, damit man das bei Kämpfen und Jagden vergossene Blut nicht sah.

Innerhalb Roms liegt die von einer Mauer umgebene Vatikanstadt. Hier regiert der Bischof Roms – der Papst.

Unter dem Petersdom soll der Apostel Petrus begraben sein. Daher gilt die Kirche als bedeutendste des Christentums.

In Rom lebten unzählige Ausnahmekünstler wie Michelangelo, Raffael und Botticelli.

In der Sixtinischen Kapelle im Vatikan wird von Kardinälen aus der ganzen Welt der neue Papst gewählt.

Unter der Stadt liegen zahlreiche Katakomben, ein Gewirr aus Tunneln, die u. a. als Begräbnisstätten dienten.

EINWOHNERZAHL: 2,9 MILLIONEN

Prag war Heimat und Inspiration für zahlreiche Künstler und Schriftsteller, z. B. Oskar Kokoschka, Jan Neruda und Franz Kafka.

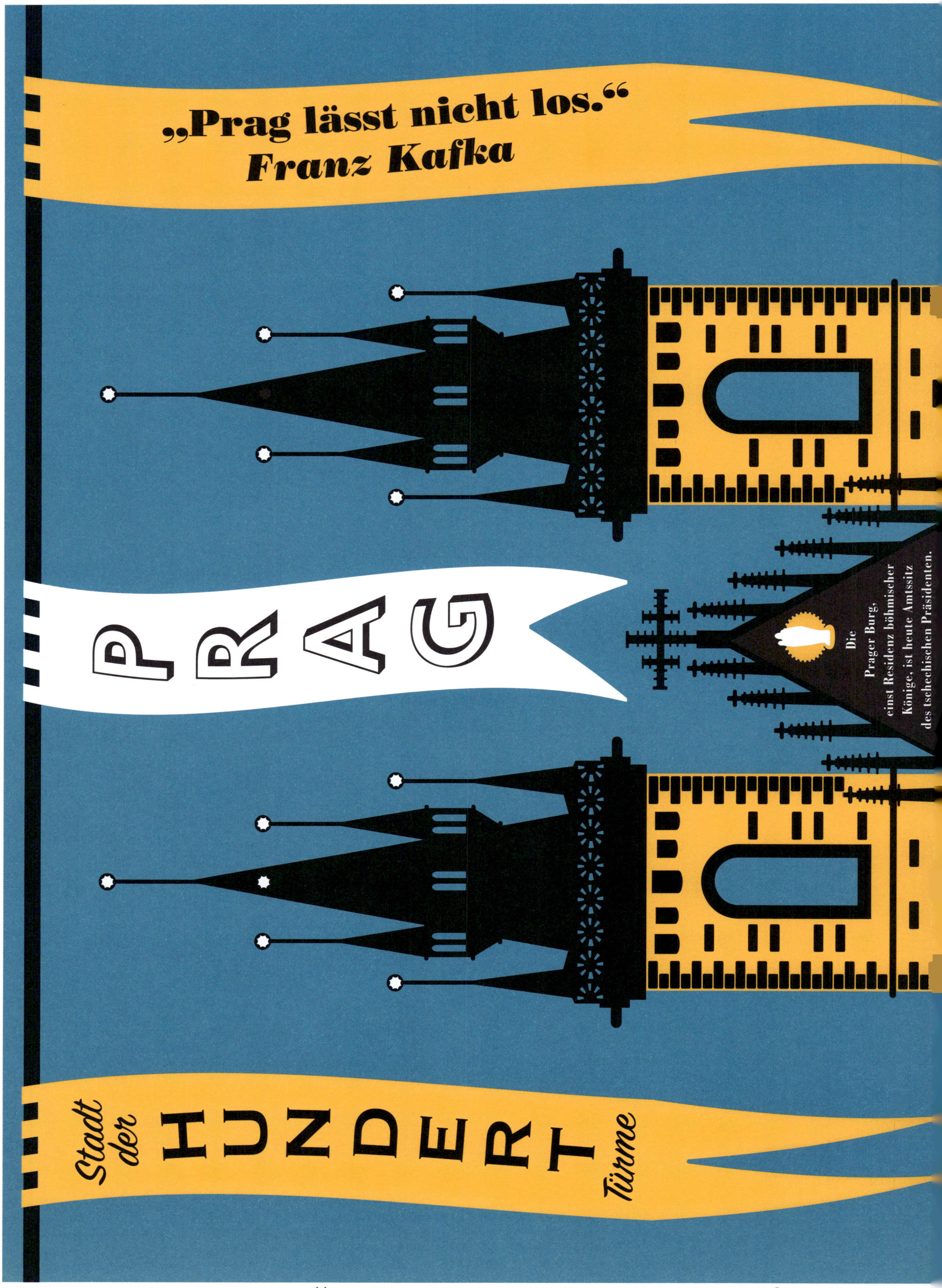

Das heutige Tschechien und umliegende Länder wurden bis ins 20. Jahrhundert als „Länder der Böhmischen Krone“ bezeichnet, da sie von böhmischen Königen regiert wurden.

Der Laurenziberg im Stadtzentrum ist 327 m hoch. Der Aussichtsturm auf seiner Kuppe ist eine kleine Version des Eiffelturms.

Der Prager Zoo ist bekannt für sein Zuchtprogramm zum Erhalt des Przewalski-Pferds, der letzten Wildpferdart der Welt.

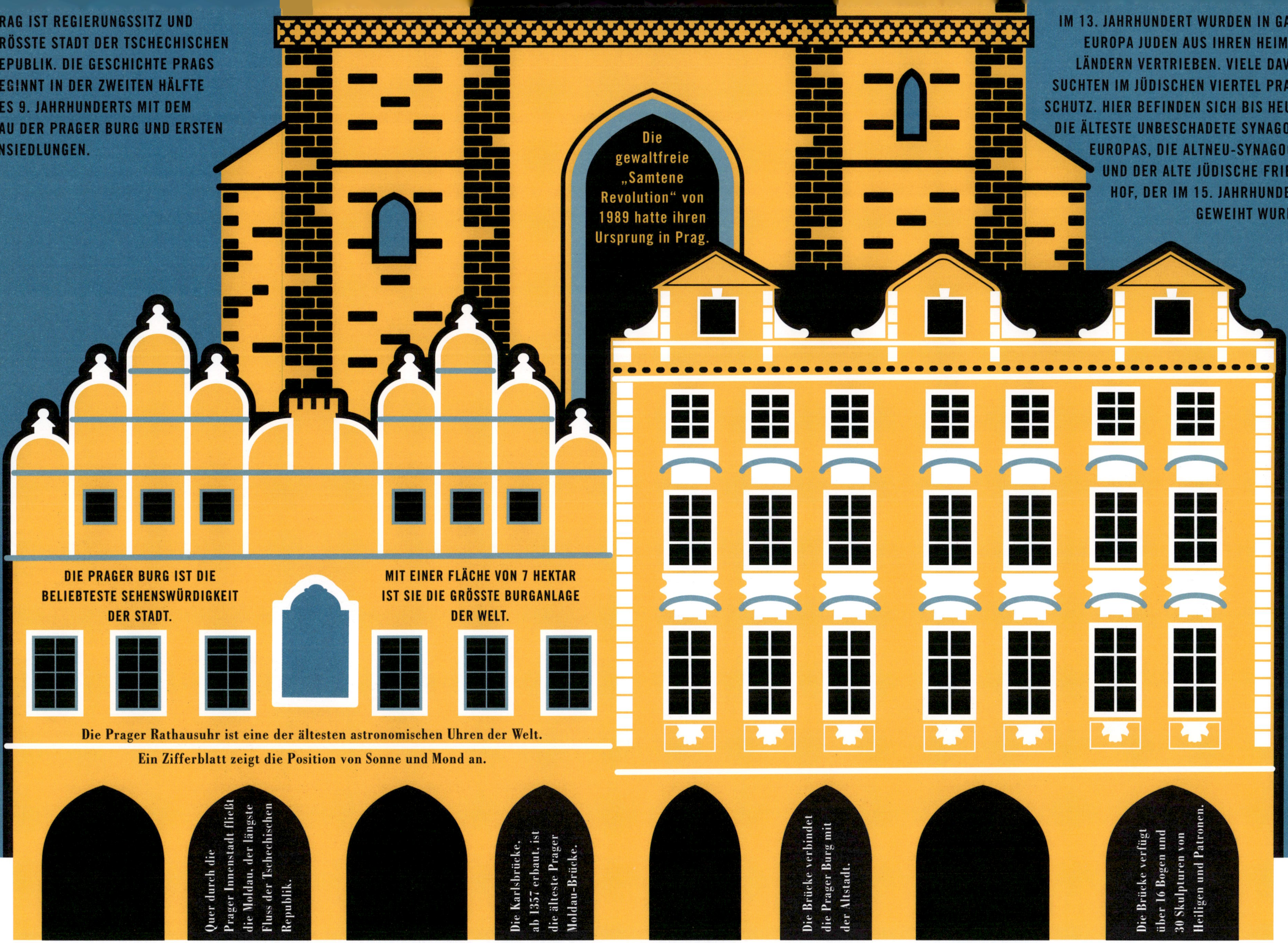

PRAG IST REGIERUNGSSITZ UND GRÖSSTE STADT DER TSCHECHISCHEN REPUBLIK. DIE GESCHICHTE PRAGS BEGINNT IN DER ZWEITEN HÄLFTE DES 9. JAHRHUNDERTS MIT DEM BAU DER PRAGER BURG UND ERSTEN ANSIEDLUNGEN.

Die gewaltfreie „Samtene Revolution“ von 1989 hatte ihren Ursprung in Prag.

IM 13. JAHRHUNDERT WURDEN IN GANZ EUROPA JUDEN AUS IHREN HEIMATLÄNDERN VERTRIEBEN. VIELE DAVON SUCHTEN IM JÜDISCHEN VIERTEL PRAGS SCHUTZ. HIER BEFINDEN SICH BIS HEUTE DIE ÄLTESTE UNBESCHADETE SYNAGOGE EUROPAS, DIE ALTNEU-SYNAGOGE, UND DER ALTE JÜDISCHE FRIEDHOF, DER IM 15. JAHRHUNDERT GEWEIHT WURDE.

DIE PRAGER BURG IST DIE BELIEBTESTE SEHENSWÜRDIGKEIT DER STADT.

MIT EINER FLÄCHE VON 7 HEKTAR IST SIE DIE GRÖSSTE BURGANLAGE DER WELT.

Die Prager Rathausuhr ist eine der ältesten astronomischen Uhren der Welt.

Ein Zifferblatt zeigt die Position von Sonne und Mond an.

Quer durch die Prager Innenstadt fließt die Moldau, der längste Fluss der Tschechischen Republik.

Die Karlsbrücke, ab 1357 erbaut, ist die älteste Prager Moldau-Brücke.

Die Brücke verbindet die Prager Burg mit der Altstadt.

Die Brücke verfügt über 16 Bogen und 30 Skulpturen von Heiligen und Patronen.

Der Komponist Leoš Janáček studierte an der Prager Orgelschule. Er war so arm, dass er sich zum Üben daheim mit auf einen Tisch gemalten Tasten begnügen musste.

Die Prager Barrandov Studios gehören zu den größten Filmstudios in Europa.

Die Stadt hat als einzige auf der Welt noch ein Rohrpostsystem. Es ist 55 km lang.

EINWOHNERZAHL: 1,3 MILLIONEN

Das an der irischen Ostküste gelegene Dublin wurde im 9. Jahrhundert von Wikingern gegründet. Der Fluss Liffey teilt die Stadt in North- und Southside.

Dublins Straßenschilder sind zweisprachig, Englisch und Gälisch, auch wenn die meisten Bewohner Englisch sprechen.

Die St. Patrick's Cathedral ist die größte Kirche Irlands und dem Schutzpatron des Landes geweiht.

Ab 1204 errichteten die Normannen das Dublin Castle und herrschten von hier aus über Irland.

Im Laufe der Jahrhunderte besuchten etliche Berühmtheiten das Schloss, u. a. Königin Victoria, Charles Dickens, Fürstin Gracia Patricia von Monaco, John F. Kennedy, Nelson Mandela und Königin Elisabeth II.

Die Anlage ist typisch normannisch: eine hohe Mauer um einen zentralen Innenhof und vier runde Wehrtürme an jeder Ecke.

Trinity College, die Dubliner Universität, wurde 1592 von der englischen Königin Elisabeth I. gegründet.

In der Dubliner Whitefriar Street Church liegt Sankt Valentin begraben.

Aus Dublin und Umgebung stammen viele weltberühmte Schriftsteller, u. a.
William Butler Yeats
George Bernard Shaw
James Joyce
Samuel Beckett
Oscar Wilde
Jonathan Swift
und Bram Stoker

Im Trinity College befindet sich das *Book of Kells*, eine ca. 1200 Jahre alte Handschrift irischer Mönche. Es enthält die vier Evangelien auf Latein und ist aufwendig gestaltet: Die Blätter bestehen aus Vellum, die blaue Farbe aus Indigo bzw. Färberwaid, das Gelb aus Auripigment und das Rot aus Blei.

Am 16. Juni, dem „Bloomsday", verkleiden sich James-Joyce-Fans, lesen seinen Roman *Ulysses* und wandeln auf den Spuren der Hauptfigur, Leopold Bloom, durch die Stadt.

Dublin ist die jüngste Stadt Europas: Etwa 40 % der Dubliner sind unter 30.

EINWOHNERZAHL: 550 000

Der Name stammt vom gälischen *Dubh Linn:* Der „schwarze Teich" befand sich dort, wo heute das Dublin Castle steht.

Dublin ist mit fast 200 km Radwegen und allein 1500 Mieträdern an 100 Mietstationen eine echte Fahrradstadt.

Seoul ist die Hauptstadt und die bevölkerungsreichste Stadt Südkoreas. Das heutige Stadtgebiet am Ufer des Hangang wurde um 3000 v. Chr. erstmals besiedelt.

SEOUL

DIE STADT IST VON BERGEN UMGEBEN. DER HÖCHSTE IST DER BUKHANSAN („BERG NÖRDLICH DES HANGANG") MIT 836,5 M.

SEOUL IST FÜR SEINE HOHE BEVÖLKERUNGSDICHTE BEKANNT: SIE IST FAST DOPPELT SO HOCH WIE IN NEW YORK UND ACHTMAL HÖHER ALS IN ROM.

DER GWANGJANG-MARKT IST EINER DER ÄLTESTEN UND GRÖSSTEN MÄRKTE DES LANDES. HIER WERDEN LEBENSMITTEL, KLEIDUNG UND MEDIKAMENTE VERKAUFT.

TYPISCHERWEISE ISST MAN IN SEOUL HANJEONGSIK, EIN MEHRGÄNGIGES BÜFETT, ODER HOTTEOK: WARME GEFÜLLTE PFANNKUCHEN.

236,7 m hoch ragt der N Seoul Tower über dem Berg Namsan auf und ist somit der höchste Punkt der Stadt. Er ist ein Fernsehturm, verfügt inzwischen aber auch über ein Drehrestaurant und eine Aussichtsplattform mit Hochleistungsteleskopen, mit denen man über die Stadt blicken kann.

1394 machte Yi Seong-gye, Begründer der Joseon-Dynastie, Seoul zur Hauptstadt der Reiche Joseon und Groß-Korea.

Bereits ab 18 v. Chr. war Seoul Hauptstadt des Königreichs Baekje, eines der „Drei Reiche von Korea".

Im Stadtbezirk Jongno-gu befinden sich mehrere Königspaläste und der Amtssitz des Präsidenten.

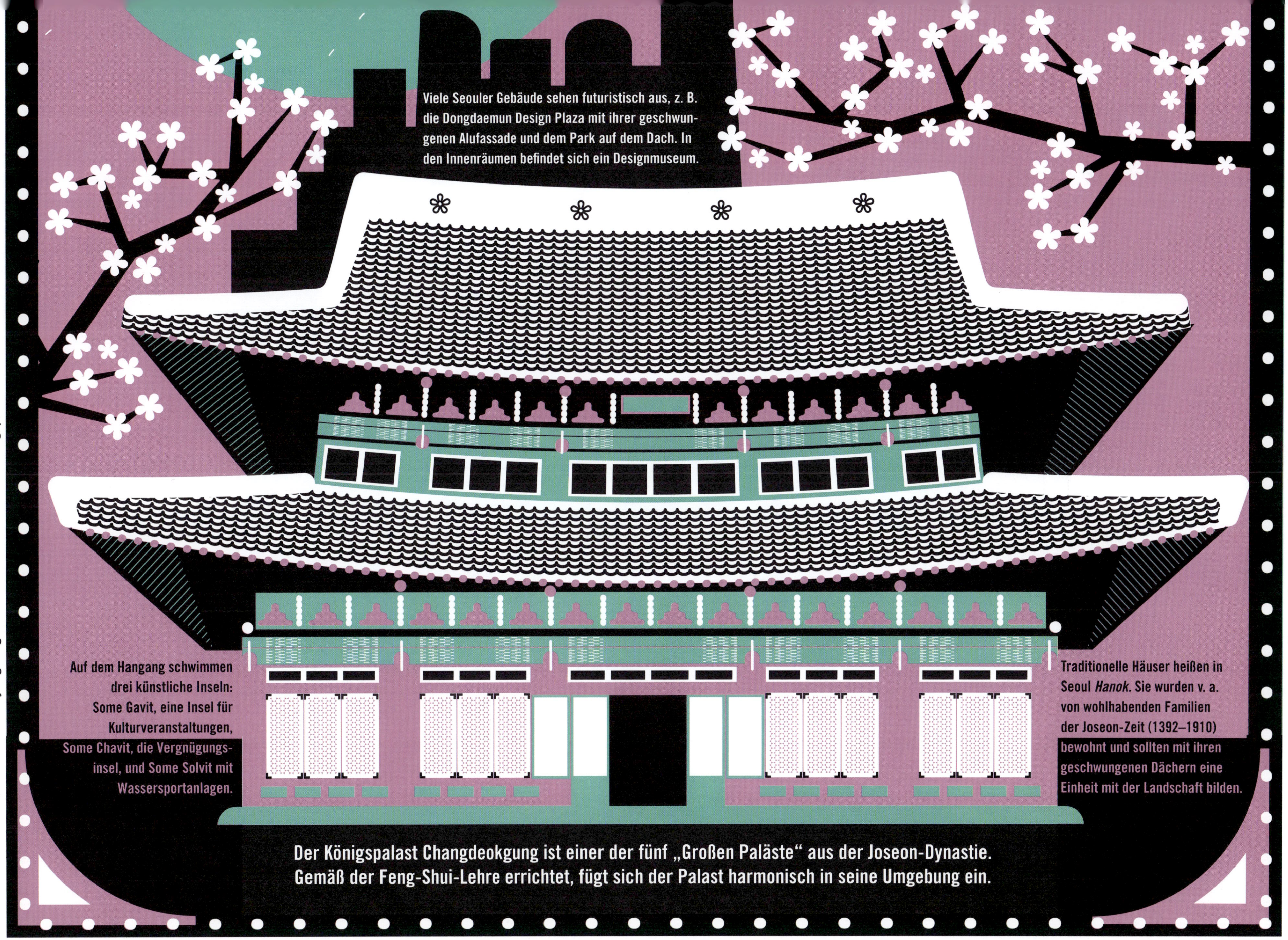

Viele Seouler Gebäude sehen futuristisch aus, z. B. die Dongdaemun Design Plaza mit ihrer geschwungenen Alufassade und dem Park auf dem Dach. In den Innenräumen befindet sich ein Designmuseum.

Auf dem Hangang schwimmen drei künstliche Inseln: Some Gavit, eine Insel für Kulturveranstaltungen, Some Chavit, die Vergnügungsinsel, und Some Solvit mit Wassersportanlagen.

Traditionelle Häuser heißen in Seoul *Hanok*. Sie wurden v. a. von wohlhabenden Familien der Joseon-Zeit (1392–1910) bewohnt und sollten mit ihren geschwungenen Dächern eine Einheit mit der Landschaft bilden.

Der Königspalast Changdeokgung ist einer der fünf „Großen Paläste“ aus der Joseon-Dynastie. Gemäß der Feng-Shui-Lehre errichtet, fügt sich der Palast harmonisch in seine Umgebung ein.

Seoul wurde 2010 als UNESCO-Hauptstadt des Designs ausgezeichnet.

Im Koreakrieg (1950–53) wurde Seoul zweimal eingenommen. Der Regierungssitz wurde vorübergehend nach Busan verlegt.

EINWOHNERZAHL: 10,4 MILLIONEN

Bevor Stockholm als Handels- und Machtzentrum Bedeutung erlangte, waren die Wikingersiedlungen Birka und Sigtuna die wichtigsten Orte im Gebiet des heutigen Schweden.

In der Residenz des schwedischen Königspaars gibt es mehr als 600 Räume auf sieben Stockwerken.

Stockholm heißt wörtlich „Holzscheit-“ oder „Pfahlinselchen“. Worauf der Name sich genau bezieht, ist umstritten.

Die Nobelpreisverleihung findet traditionell im Konserthuset – dem Konzerthaus – statt. Seit der schwedische Erfinder Alfred Nobel den Preis 1901 gestiftet hat, werden alljährlich Forscher aus den Bereichen Physik, Chemie und Medizin sowie herausragende Schriftsteller geehrt.

STOCKHOLM

ÜBER 30 % DES STADTGEBIETS BESTEHEN AUS WASSERWEGEN, WEITERE 30 % SIND PARKS UND GRÜNANLAGEN.

Das Königliche Schloss wurde auf den Ruinen der Drei-Kronen-Burg errichtet, die 1697 niedergebrannt war.

Berühmte Nobelpreisträger waren die Chemikerin Marie Curie und der Physiker Albert Einstein.

EINWOHNERZAHL: 920 000

Die schmalste Gasse in Gamla Stan ist mit teilweise nur 90 cm Breite die Mårten Trotzigs Gränd.

Lissabon liegt am Atlantik an der Mündung des Tejo und ist die westlichste Hauptstadt Europas.

Der spektakuläre Aquädukt Águas Livres wurde im 18. Jahrhundert erbaut, um die Stadt mit Trinkwasser zu versorgen. Er ist über 19 km lang und war bis 1967 in Betrieb.

DER WEHR- UND LEUCHTTURM TORRE DE BELÉM WURDE ZWISCHEN 1515 UND 1521 AM NÖRDLICHEN TEJO-UFER ERRICHTET. ER ZÄHLT ZU DEN BERÜHMTESTEN SEHENSWÜRDIGKEITEN LISSABONS.

Im Goldenen Zeitalter Portugals (15./16. Jahrhundert) war Lissabon Hauptstadt eines Weltreichs.

Lissabon ist eine der ältesten Städte Europas. Erste Siedlungen stammen aus der Zeit um 2500 v. Chr. Die Phönizier ließen sich um 1200 v. Chr. um den Naturhafen nieder.

Mit 17,2 km ist die Ponte Vasco da Gama die längste Brücke Europas. Anlässlich der Eröffnung wurden an einem 5 km langen Tisch 7 Tonnen *feijoada* serviert, ein traditioneller Eintopf.

Der Sage nach wurde Lissabon von Odysseus gegründet. Auf seiner Irrfahrt nach dem Trojanischen Krieg soll er hier gelandet sein.

Lissabon ist berühmt für seine gelben Straßenbahnen, die kreuz und quer durch die Stadt gondeln. Das Schienennetz gibt es seit 1873.

An Allerheiligen 1755 wurde Lissabon von einem Erdbeben erschüttert, das weite Teile der Stadt zerstörte.

Im Café Martinho da Arcada ist immer ein Tisch für Fernando Pessoa reserviert – dabei ist der Dichter seit über 80 Jahren tot.

Wenige Kilometer vom hier gezeigten Torre de Belém entfernt befindet sich das Hieronymuskloster. Das reich verzierte gotische Gebäude wurde um 1600 fertiggestellt. Heute zählt es zu den größten Touristenattraktionen der Stadt. Vierhundert Jahre lang lebte dort der Orden des Heiligen Hieronymus, der für die sichere Heimkehr von Seeleuten und das Seelenheil des Königs betete. Die Hieronymiten erfanden auch die berühmten *pastéis de nata:* kleine Blätterteigtörtchen mit Pudding.

„O SALZIGE FLUT, IN DEINEM SALZ STRÖMEN DIE TRÄNEN PORTUGALS!“
FERNANDO PESSOA

LISSABON

Ein Geheimtipp für Lissabon-Besucher sind die Galerias Romanas, die nur ein paar Tage im Jahr geöffnet sind. Dieses unterirdische Gewölbelabyrinth wurde im 1. Jahrhundert von den alten Römern erbaut und wohl als Lager oder Wasserreservoir genutzt.

Lissabons legendärer Flohmarkt, Feira da Ladra, heißt wörtlich übersetzt „Markt der Diebin“.

EINWOHNERZAHL: 550 000

Das Stadtgebiet gilt seit 1776 als besiedelt – mit dem Bau der Missionskirche San Francisco de Asís und des Militärstützpunkts Presidio, der die Mission sichern sollte.

SAN FRANCISCO

„WENN DU NACH SAN FRANCISCO GEHST,
STECKE DIR BLUMEN INS HAAR.“
SCOTT MCKENZIE

Die ersten Europäer, die einen Fuß auf das Gebiet des heutigen San Francisco setzten, waren spanische Eroberer, die 1769 auf dem Landweg aus Mexiko kamen. Zuvor hatten Entdecker vom Meer aus die Bucht übersehen – aufgrund des dichten Nebels, der dort immer herrscht.

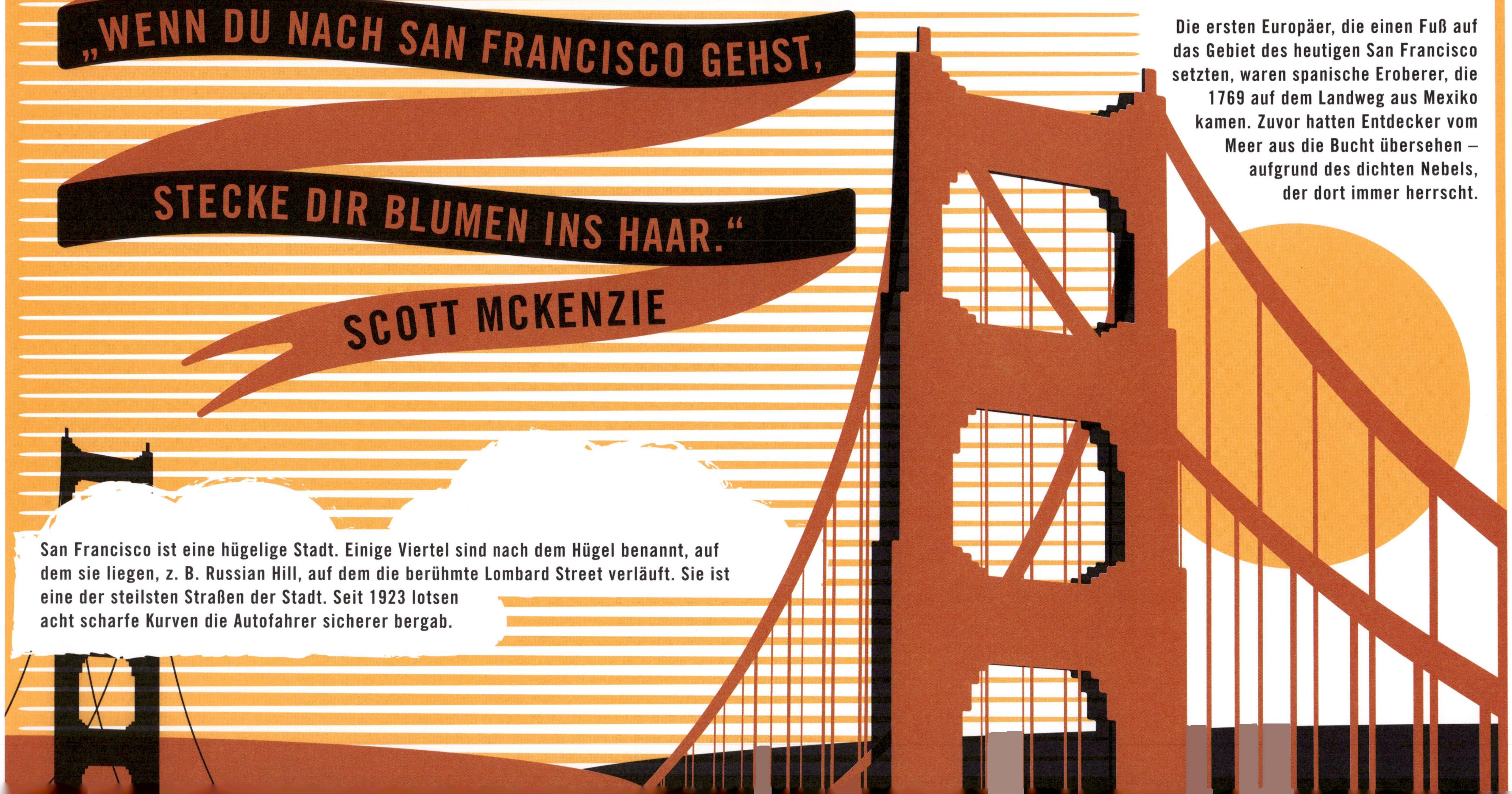

San Francisco ist eine hügelige Stadt. Einige Viertel sind nach dem Hügel benannt, auf dem sie liegen, z. B. Russian Hill, auf dem die berühmte Lombard Street verläuft. Sie ist eine der steilsten Straßen der Stadt. Seit 1923 lotsen acht scharfe Kurven die Autofahrer sicherer bergab.

Am berühmten Pier 39, einem ehemaligen Bootsanleger, leben zahlreiche Seelöwen.

Die ersten Menschen, die sich hier etwa 3000 v. Chr. niederließen, waren Ureinwohner vom Stamm der Yelamu.

Die Insel Alcatraz, die 2,5 km vor der Küste liegt, diente von 1934 bis 1963 als Gefängnisinsel. Wo einst berühmte Gangster wie Al Capone einsaßen, tummeln sich heute Touristen.

Die Golden Gate Bridge ist 2,7 km lang und verbindet San Francisco mit der Küstenlandschaft Marin Headlands.

1846 FIEL DAS MEXIKANISCHE SAN FRANCISCO AN DIE USA. MIT DEM 1849 EINSETZENDEN GOLDRAUSCH EXPLODIERTE DIE EINWOHNERZAHL DER STADT.

Der größte und bekannteste Stadtpark ist der Golden Gate Park, der sich vom Stadtzentrum zur Pazifikküste erstreckt. Dort befinden sich das Conservatory of Flowers – ein viktorianisches Gewächshaus –, ein japanischer Teegarten und der Botanische Garten.

Für die beiden Tragkabel wurden fast 130 000 km Stahldraht verwendet. Würde man sie aneinanderlegen, könnte man damit dreifach die Erde umwickeln.

1906 erschütterte ein schweres Erdbeben die Stadt. Etwa 3000 Menschen starben, drei Viertel der Gebäude wurden zerstört.

San Francisco hat viele Spitznamen, z. B. „Stadt an der Bucht“, „Nebelstadt“, „San Fran“ und „Frisco“.

Sowohl der knickbare Trinkhalm als auch Glückskekse wurden in San Francisco erfunden.

EINWOHNERZAHL: 865 000

Der Hügel Montmartre, auf dem die Basilika Sacré-Cœur thront, ist mit 130 m die höchste natürliche Erhebung in Paris.

Der Name der Stadt geht auf den Keltenstamm der Parisier zurück. In der Antike hieß der Ort Lutetia.

Die Seine fließt in einer Schleife von Südosten nach Südwesten durch Paris.

Den Namen „Stadt der Lichter“ verdankt Paris großen Denkern wie Voltaire und Rousseau. Sie brachten den Menschen „Erleuchtung“.

Viele berühmte Künstler lebten hier, wie etwa Renoir, Rodin, Picasso, Monet und Manet.

Eines der berühmtesten Haute-Couture-Häuser ist Chanel.

HEIMAT DER HAUTE COUTURE

EINWOHNERZAHL: 2,2 MILLIONEN

Über tausend Jahre lang, vom 8. bis zum 18. Jahrhundert, war Venedig eine bedeutende See- und Handelsmacht. Oberhaupt der Republik Venedig war der Doge.

VENEDIG

„Jedes Mal, wenn ich eine Stadt beschreibe, sage ich etwas über Venedig …" Italo Calvino

Venedig steht für bildschöne Palazzi sowie unzählige Gässchen und Kanäle.

Der s-förmige Canal Grande ist mit bis zu 70 m der breiteste Kanal Venedigs.

Die Rialtobrücke wurde 1591 fertiggestellt und ist die älteste von vier Brücken über den Canal Grande. Als Bogenbrücke lagert ihr Gewicht ohne Mittelstütze auf den Bogenenden. Anfangs fürchtete man, sie könnte unter dem Gewicht des Marmors einstürzen.

Kanäle: 177
Palazzi: 450
Plätze: 127
Gondeln: 430
Gondolieri: 400
Schornsteine: 7000
Brücken: über 400

Die Stadt ist nach den Venetern benannt, einem antiken Volk, das im 5. Jahrhundert v. Chr. in der Region lebte.

Eine der engsten Gassen der Welt, die Calle Varisco, ist nur 53 cm breit.

Die Piazza San Marco, der Markusplatz, gilt als einer der schönsten Plätze der Welt: Dort befinden sich der Dogenpalast sowie der Markusdom mit seinen vier vergoldeten Bronzepferden an der Fassade und dem 97 m hohen Campanile, einem frei stehenden Glockenturm.

Venedig besteht aus vielen kleinen Inseln – 117 an der Zahl –, die durch Kanäle und Brücken verbunden sind. Von den sechs Sestieri (historische Stadtbezirke) ist San Marco der berühmteste. Hier liegt auch der Markusplatz.

Die Stadt sinkt Jahr für Jahr um 1 bis 2 mm, weil der weiche Untergrund unter dem Gewicht der Bauwerke nachgibt. Das alljährliche Hochwasser, das bei besonders starker Flut und ungünstigen Winden in die Lagune von Venedig eindringt, nennen die Venezianer „Acqua alta“.

Die Gondolieri sind eine strenge Zunft. Um als Gondoliere arbeiten zu dürfen, muss man eine anderthalbjährige Ausbildung und eine harte Prüfung absolvieren.

Jährlich kommen etwa 18 Millionen Touristen nach Venedig. Das sind im Schnitt 50 000 pro Tag.

Die Stadt ist berühmt für die „Venezianische Malerei“ (Ende 15. Jahrhundert) mit Künstlern wie Tizian und Tintoretto.

Alle zwei Jahre findet in Venedig die Biennale statt, eine renommierte internationale Kunstausstellung.

EINWOHNERZAHL: 265 000

Tokio hieß ursprünglich Edo („Flussmündung“). Ab 1603 wurde aus dem Fischerdorf ein wichtiges Machtzentrum des Tokunawa-Shogunats (Shogun = kaiserlicher Feldherr).

Der Shogun sicherte seine Macht mithilfe der Samurai-Krieger, die heute noch Teil der japanischen Popkultur sind.

Der Tenno, der japanische Kaiser, lebt in einem Palast inmitten eines weitläufigen Parks, der von Burggräben und Mauern gesäumt wird.

Im Zweiten Weltkrieg wurde Tokio in Schutt und Asche gelegt. Beim Wiederaufbau entstanden zahlreiche Wolkenkratzer.

Die Shibuya-Kreuzung ist die meistgenutzte Fußgängerkreuzung der Welt. Zu Stoßzeiten überqueren hier Abertausende gleichzeitig die Straße.

Der Tsukiji-Fischmarkt ist der weltgrößte Markt für Fisch und Meeresfrüchte.

EINWOHNERZAHL: 9,3 MILLIONEN

Dubai liegt im Südosten des Persischen Golfs und ist die Hauptstadt des Emirats Dubai.

Ski Dubai ist eine der größten Skihallen der Welt. Sie gehört zum gigantischen Einkaufszentrum Mall of the Emirates.

In Dubai wird derzeit das weltweit größte Shoppingcenter geplant: die Mall of Arabia, eine voll klimatisierte „Stadt in der Stadt“.

Als 1966 in Dubai Erdöl entdeckt wurde, strömten ausländische Arbeitskräfte in das Emirat und ließen die Bevölkerungszahlen explosionsartig ansteigen.

Dubai ist eines von sieben Emiraten, die die Föderation der Vereinigten Arabischen Emirate bilden.

Jedes Emirat wird von einem Emir, einem Alleinherrscher, regiert.

In Dubai herrscht Wüstenklima. Im Juli steigt die Temperatur auf weit über 40 °C.

ZWISCHEN DEM 5. UND 7. JAHRHUNDERT LEBTEN DUBAIS KÜSTENBEWOHNER HAUPTSÄCHLICH VON FISCHEREI, BOOTSBAU UND DEM PERLENFISCHEN. DIE PERLENINDUSTRIE WAR BIS IN DIE 1920ER-JAHRE EIN WICHTIGER WIRTSCHAFTSZWEIG.

Der Dubai Creek, ein Meeresarm des Persischen Golfs, verläuft in einer Schleife durch die Innenstadt.

Seit 1996 wird auf der Meydan-Rennbahn der Dubai World Cup ausgetragen, ein Pferderennen für Vollblüter.

Mit rund 100 Millionen Blumen auf 72 000 m² ist der Dubai Miracle Garden der größte Blumengarten der Welt.

2001 wurde vor Dubai eine künstliche Insel in Form einer Palme aufgeschüttet. Hier stehen 500 Häuser und 28 Hotels.

EINWOHNERZAHL: 1,3 MILLIONEN

Der Name „Amsterdam“ verweist auf die Gründung der Stadt im 13. Jahrhundert entlang einem Damm an der Amstel.

Amsterdam hat mehr Museen pro Quadratmeter als jede andere Stadt der Welt.

Das Haus, in dem sich die 13-jährige Anne Frank vor den Nationalsozialisten versteckte und Tagebuch führte, ist heute ein Museum.

Im Rijksmuseum sind einige der berühmtesten Werke niederländischer Künstler zu sehen, u. a. Rembrandts „Nachtwache“.

Amsterdam ist die größte und mit jährlich mehr als 8 Millionen Gästen meistbesuchte Stadt der Niederlande.

EINWOHNERZAHL: 810 000

Amsterdam ist berühmt für seine Giganten der Kunstgeschichte: Rembrandt, Vermeer und van Gogh.

Athen ist seit mindestens 7000 Jahren durchgehend besiedelt.

Die Eule ist das Symbol der Göttin Athene und bis heute ein Wahrzeichen der Stadt. Sie ziert auch die Rückseite der griechischen 1-Euro-Münze.

ATHEN

Die Akropolis ist eine Festungsanlage auf einem der Stadtgöttin Athene geweihten Berg. Dort wurden in der Antike zahlreiche Tempel erbaut.

Ganz oben auf der Akropolis stehen der Parthenon, das Erechtheion sowie der Tempel der Athena Nike. Sie stammen aus dem 5. Jahrhundert v. Chr. und locken heute jährlich 3 Millionen Besucher an.

Die ersten Olympischen Spiele der Neuzeit wurden 1896 in Athen ausgerichtet.

Das Dionysostheater ist eines der ältesten erhaltenen Theater der Welt. Es wurde in den Südhang der Akropolis gebaut.

Zur Blütezeit der attischen Demokratie (480–404 v. Chr.) lebten in Athen die Dichter Aischylos, Sophokles und Euripides, die Historiker Herodot und Thukydides sowie der Arzt Hippokrates.

WIEGE DER WESTLICHEN ZIVILISATION UND GEBURTSSTÄTTE DER DEMOKRATIE

Athen liegt in der weiträumigen Ebene der Region Attika und ist von den vier Gebirgszügen Parnitha, Pentelikon, Ägaleo und Hymettos umgeben.

Athen wurde nach der Göttin Athene benannt, der Parthenon zu ihren Ehren errichtet.

Plaka am Fuß der Akropolis ist das älteste Wohnviertel Athens.

Das Odeon – ein Theater am Südwesthang der Akropolis – wurde 161 n. Chr. von dem griechisch-römischen Politiker Herodes Atticus gestiftet.

Mit 277 m ist der Lycavittos Athens höchste Erhebung. Von dort hat man einen der schönsten Blicke auf die Akropolis.

Als Athen 1834 zur Hauptstadt Griechenlands erklärt wurde, war es lediglich ein kleines Dorf im Schatten der Akropolis.

Nach seiner Blütezeit in der Antike wurde Athen immer wieder von fremden Völkern erobert und zerstört.

1985 durfte sich Athen als erste Stadt überhaupt „Kulturhauptstadt Europas“ nennen.

Piräus, der Hafen Athens, ist der größte Passagierhafen Europas.

EINWOHNERZAHL: 3,1 MILLIONEN

Von April bis Juni wird es heiß in Delhi: Dann steigt die Temperatur oft auf über 40 °C!

Delhi besteht aus der historischen Altstadt Alt-Delhi und dem modernen Neu-Delhi, der heutigen Hauptstadt Indiens. Von 1858 bis zur Unabhängigkeit 1947 war Indien britische Kronkolonie.

Im frühen 20. Jahrhundert entwarfen die Architekten Sir Edwin Lutyens und Sir Herbert Baker den britischen Regierungssitz in Neu-Delhi. Den Grundstein legten am 15. Dezember 1911 König Georg V. und seine Frau Maria.

Das Rote Fort im Zentrum Alt-Delhis wurde von Shah Jahan erbaut. 1648 fertiggestellt, diente es fast 200 Jahre lang Mogulherrschern als Kaisersitz.

Der Sieges- und Wachturm Qutb Minar wurde gegen Ende des 12. Jahrhunderts von Sultan Qutb-ud-Din Aibak errichtet.

n Delhi leben Tausende frei laufender Affen.
zu Ehren des hinduistischen Gottes Hanuman, der
einen menschlichen Körper und den Kopf eines Affen
at, werden die Tiere regelmäßig gefüttert.

Der Legende nach wurde die Stadt nach König Dhilu benannt, der sie im 1. Jahrhundert vor unserer Zeit gegründet haben soll.

Die Amtssprachen in Indien sind neben Hindi und Englisch 21 Regionalsprachen.

Delhi diente vielen mächtigen Kaisern und Königen als Hauptstadt.

Von den ursprünglich 14 Toren der einstigen Stadtmauer Alt-Delhis sind fünf erhalten.

Der größte Gewürzmarkt Asiens liegt an der Khari Baoli, einer Straße in Alt-Delhi.

EINWOHNERZAHL: 11 MILLIONEN

Ein Abschnitt der über 20 000 km langen Chinesischen Mauer verläuft in den Bergen nördlich von Peking.

Im Botanischen Garten von Peking steht das größte Gewächshaus Chinas. Es hat eine Fläche von 17 000 m².

Die *siheyuans*, von Häusern umgebene Wohnhöfe, sind eine traditionelle Wohnform in Peking.

In Peking isst man gern *fuling jiabing*, einen mit dem Fu-Ling-Pilz gefüllten Pfannkuchen.

DIE GESCHICHTE PEKINGS BEGINNT VOR MEHR ALS DREI JAHRTAUSENDEN. DAMALS HIESS DIE STADT „JI“ – „SCHILF“. SPÄTER NANNTE MAN SIE AUCH „YANJING“, „DADU“ UND „BEIPING“.

„Freunde haben,
die aus fernen Gegenden kommen:
Ist das nicht auch fröhlich?“

Konfuzius

DIE ÄLTESTEN MENSCHLICHEN FOSSILIEN DER REGION WURDEN IN EINER HÖHLE 40 KM AUSSERHALB DER STADT ENTDECKT. DER SOGENANNTE PEKING-MENSCH IST VERMUTLICH 780 000 JAHRE ALT.

Die beliebtesten Gerichte der Pekinger sind sauer-scharfe Suppe, Schweinefleisch Mu Shu und Pekingente.

EINWOHNERZAHL: 20,4 MILLIONEN

Die „Stadtblumen“ Pekings sind die Chinesische Rose und die Chrysantheme.

Von der österreichischen Hauptstadt Wien aus ist es nicht weit bis zur tschechischen, slowakischen und ungarischen Grenze.

In den zahlreichen Prunksälen der Stadt finden jährlich mehr als 450 Bälle statt. Auf manchen spielen bis zu neun Orchester.

Wie Berlin wurde auch Wien nach dem Zweiten Weltkrieg in vier Besatzungszonen aufgeteilt. Die Besatzungszeit endete 1955.

Die riesige Hofburg diente von 1273 bis 1918 als Wiener Residenz der Habsburger. Mit jedem neuen Herrscher wurden Ausbauten und Erweiterungen vorgenommen.

Der älteste Teil der Hofburg ist der „Schweizerhof“ aus dem 13. Jahrhundert. Er ist benannt nach der Schweizergarde, die dort im 17. und 18. Jahrhundert Wache hielt.

Seit mehr als 450 Jahren wird in der Spanischen Hofreitschule Klassische Reitkunst praktiziert – und zwar ausschließlich mit Lipizzanern, einer Pferderasse, die seit dem 16. Jahrhundert gezüchtet wird.

Die Hofreitschule ist die älteste ihrer Art. Zunächst bestand sie bloß aus einer bretterumfriedeten Reitbahn, bis Kaiser Karl VI. 1729 die weiße Winterreitschule bauen ließ.

Die Pferde lernen kontrollierte stilisierte Sprünge und Bewegungsabläufe wie z. B. die Traversale, den Außengalopp, den fliegenden Galoppwechsel, Pirouetten, Passagen und Piaffen.

WIEN

WIEN WIRD OFT ALS „STADT DER MUSIK“ BEZEICHNET, WEIL HIER UNZÄHLIGE STÜCKE VON WELTRUHM ENTSTANDEN SIND. AUCH LEBTEN HIER MEHR WELTKLASSEMUSIKER UND -KOMPONISTEN ALS IN JEDER ANDEREN STADT, U. A. MOZART, HAYDN, BEETHOVEN, SCHUBERT, BRAHMS UND MAHLER.

Um Musiker der Wiener Philharmoniker zu werden, muss man mindestens drei Jahre im Orchester der Wiener Staatsoper gespielt haben.

Für die berühmte Sachertorte soll bereits Kaiser Franz Joseph eine Schwäche gehabt haben.

Im „Griechenbeisl“, einer der ältesten Gaststätten Wiens, waren schon Beethoven, Brahms, Schubert und Mark Twain zu Gast.

EINWOHNERZAHL: 1,8 MILLIONEN

Mexiko-Stadt liegt auf etwa 2300 m Höhe am südlichen Ende des Tals von Mexiko, einer Hochebene im Zentrum des Landes.

Mexiko-Stadt ist die größte spanischsprachige Stadt der Welt und einer der größten Finanzplätze Lateinamerikas.

Die Plaza México ist mit mehr als 41 000 Sitzplätzen die größte Stierkampfarena der Welt.

1985 erschütterte ein Erdbeben der Stärke 8,1 die Stadt. Über 10 000 Menschen kamen dabei ums Leben.

Zu den berühmtesten Künstlern Mexikos gehört Frida Kahlo. Mit ihrem Mann Diego, ebenfalls Maler, lebte sie in der Casa Azul („blaues Haus“), wo sie auch starb. Heute dient das Haus als Galerie und Museum und zieht jährlich 25 000 Besucher an.

Der Palacio de Bellas Artes („Palast der Schönen Künste“) ist ein monumentales Marmorgebäude im neoklassizistischen und Art-déco-Stil. Der Bau wurde mehrmals unterbrochen, u. a. wegen der Mexikanischen Revolution (ca. 1910–1920).

1934 wurde der Palast fertiggestellt. Riesige Wandgemälde berühmter mexikanischer Künstler zieren die Wände. Dank seiner vielen Kunstausstellungen, Literaturveranstaltungen, Opern- und Ballettaufführungen wird er auch „Kathedrale der Kunst in Mexiko“ genannt.

Jeden Abend versammeln sich Mariachi-Musiker in silbern geschmückten Kostümen und mit Sombreros auf der Plaza Garibaldi. Jede Gruppe besteht aus zwei bis vier Geigern, drei Trompetern, drei oder vier Gitarristen und einem Balladen schmetternden Sänger.

Bei den Olympischen Spielen 1968 hagelte es Rekorde, die man der Höhenlage zuschrieb.

Der mexikanische „Tag der Toten“ stammt noch aus der Zeit der Azteken: Man feiert den Besuch der Toten aus dem Jenseits.

EINWOHNERZAHL: 8,6 MILLIONEN

Die 1793 von Briten gegründete Town of York wurde 1834 in Toronto umbenannt. Heute ist sie die Hauptstadt der Provinz Ontario.

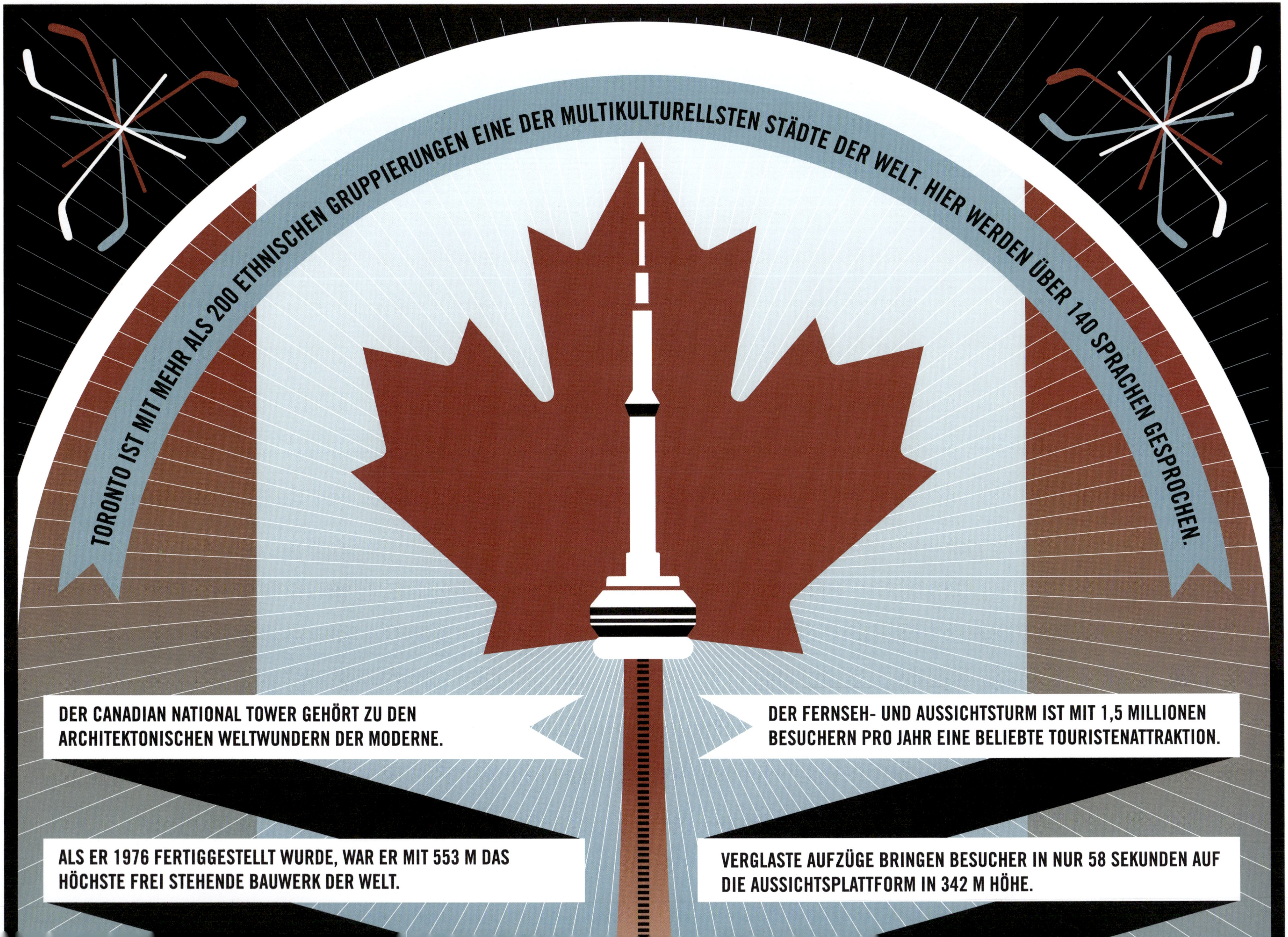

Das Ahornblatt, als Symbol erstmals zu Beginn des 18. Jahrhunderts benutzt, zierte ab den 1870er-Jahren kanadische Münzen.

Das Blatt des Zucker-Ahorns befindet sich auch auf der kanadischen Nationalflagge.

Toronto liegt an einem uralten Wanderpfad, den verschiedene indigene Völker jahrtausendelang genutzt haben.

Mit über 6 Millionen Exponaten und Artefakten ist das Royal Ontario Museum eines der größten Museen Nordamerikas.

Toronto ist die größte Stadt in Kanada und die viertgrößte Nordamerikas.

EINWOHNERZAHL: 2,6 MILLIONEN

Barcelona ist die Hauptstadt der Autonomen Gemeinschaft Katalonien. Offizielle Amtssprachen sind Katalanisch und Spanisch.

Barcelona ist berühmt für die Bauwerke des Architekten Antoni Gaudí, u. a. die Sagrada Família. Der Bau der riesigen Basilika begann 1882 und ist immer noch nicht abgeschlossen.

Gaudís Entwurf sah für die Sagrada Família insgesamt 18 Türme vor. Bis heute wurden acht fertiggestellt.

die größte Stadt an der europäischen Mittelmeerküste

Nach seinem Tod im Alter von 73 Jahren wurde Gaudí in der Krypta der Sagrada Família beigesetzt – da war die Kirche gerade mal zu einem Viertel fertig.

Der höchste Turm der Sagrada Família soll 170 m hoch und somit gerade noch vom Montjuïc, dem Hausberg Barcelonas, überragt werden. Gaudí war der Ansicht, dass kein menschliches Werk das Werk Gottes überragen solle.

218 v. Chr. errichteten die Römer ein Militärlager namens Barcino. Heute ist Barcino ein Stadtviertel mit vielen antiken Relikten.

Während des Spanischen Bürgerkriegs (1936–1939) wurden zum Schutz vor Bombenangriffen mehr als 1000 Luftschutzkeller gebaut.

BARCELONA

Am 23. April, dem Tag des heiligen Georg, Schutzpatron von Katalonien, werden traditionell Rosen verschenkt.

Zu Festen oder Feiertagen bilden die Katalanen seit dem 18. Jahrhundert Menschentürme, sogenannte Castells.

EINWOHNERZAHL: 1,6 MILLIONEN

Zu den beliebtesten Spezialitäten gehören die Meeresfrüchte-Paella und die Crema catalana, eine Süßspeise aus Eigelb und Zucker.

Kairo ist nicht nur die größte Stadt Ägyptens, sondern – sämtliche Vororte eingerechnet – auch die größte Metropole des Nahen Ostens.

Kairo liegt zu beiden Seiten des Nils, der sich nördlich der Stadt zu einem riesigen Flussdelta auffächert.

Die Stadt wurde 969 n. Chr. durch die Fatimiden gegründet, eine islamische Dynastie.

Der Sphinx stellt einen liegenden Löwen mit Menschenkopf dar. Sein Gesicht soll dem eines Pharaos nachempfunden sein.

Die römische Festung Babylon im Stadtgebiet des heutigen Kairo wurde 300 n. Chr. von Kaiser Diokletian erbaut.

Im Ägyptischen Museum werden mehr als 100 000 altägyptische Exponate gezeigt, u. a. Schätze aus der Grabkammer Tutanchamuns wie seine berühmte Totenmaske, der Löwenthron und mehrere Sarkophage.

Rund um Kairos alte Stadtmauer stehen Hunderte Moscheen, Medressen (Koranschulen) und Bastionen. Dieser Teil der Stadt ist berühmt für seine historischen Monumente und Zeugnisse islamischer Architektur.

Am Ostrand Kairos liegt die „Stadt der Toten“: ein weitläufiges Friedhofsareal mit spektakulären Grabanlagen. Inzwischen ist das Gebiet dicht besiedelt. Hunderttausende leben und arbeiten hier in sehr beengten Verhältnissen.

Den labyrinthischen Basar Chan el-Chalili gibt es seit dem 14. Jahrhundert. Hier findet man eine Vielzahl von Geschäften und kleinere Märkte für Gold- und Kupferwaren, Stoffe, Teppiche und Gewürze.

Die Bewohner Kairos heißen Kairoer oder Kairener.

Kairo ist eine Stadt der Gegensätze: Minarette und alte Gotteshäuser in der Altstadt, Bürotürme, Hotels und vierspurige Schnellstraßen im modernen Kairo.

Die über den Nil führende 6.-Oktober-Brücke ist die längste Brücke Ägyptens.

EINWOHNERZAHL: 7,7 MILLIONEN

1701 wurde Berlin mit der Krönung Friedrichs I. königliche Residenz und preußische Hauptstadt.

Berlin gehörte wie weite Teile Norddeutschlands zum Königreich Preußen (1701–1918). Aus dieser Zeit stammen zahlreiche Sehenswürdigkeiten.

„Ich bin ein Berliner." John F. Kennedy

Museen: 180
Brücken: 2000
Theater: 150

Gaststätten: 11 200
Galerien: 440
U-Bahn-Stationen: 173

Auf dem Brandenburger Tor thront die Quadriga mit der eichenlaubbekränzten Siegesgöttin Victoria.

Das Friedenstor, wie es ursprünglich hieß, wurde von 1789 bis 1793 auf Befehl König Friedrich Wilhelms II. errichtet.

Die Siegesgöttin wurde nachträglich bekleidet und das Siegeszeichen, das sie in der Hand hält, zweimal ausgetauscht.

1806 marschierte die französische Armee unter Napoleon in Berlin ein. Als Zeichen seines Sieges ließ er die Quadriga nach Paris bringen. Nach Napoleons Niederlage 1814 kehrte die Quadriga aufs Brandenburger Tor zurück.

Nach dem Zweiten Weltkrieg war Berlin in vier Besatzungszonen unterteilt: die amerikanische, französische und britische Zone (Westberlin) sowie die sowjetische (Ostberlin).

Von 1961 bis 1989 waren West- und Ostdeutschland durch den „Eisernen Vorhang" getrennt. Mitten durch Berlin verlief eine Mauer, die Stadt war geteilt.

Der bekannteste Grenzübergang in Berlin hieß „Checkpoint Charlie".

Am 9. November 1989 wurde öffentlich verkündet, dass sich die Berliner von nun an wieder frei zwischen Ost und West bewegen dürften. Zum Zeichen ihrer neu erlangten Freiheit rissen die Berliner Bürger die Mauer ein.

Das Holocaust-Mahnmal in der Nähe des Brandenburger Tors hat eine Fläche von rund 19 000 m^2. Hier wird der sechs Millionen Juden gedacht, die unter der nationalsozialistischen Schreckensherrschaft ermordet wurden.

Auf der Museumsinsel stehen das Pergamon- und das Bodemuseum, das Alte und das Neue Museum sowie die Alte Nationalgalerie.

BERLIN

Im Zweiten Weltkrieg wurde Berlin durch Luftangriffe der Alliierten (USA, UdSSR, Frankreich und Großbritannien) fast komplett zerstört.

In Berlin gibt es 180 km befahrbare Wasserwege und mehr Brücken als in Venedig.

Berlin liegt an den Ufern von Spree und Havel.

EINWOHNERZAHL: 3,5 MILLIONEN

Die „Stadtblume“ ist die Yulan-Magnolie, die im Osten Chinas heimisch ist und im Frühling weiß blüht.

Das ehemals unbedeutende Fischerdorf Schanghai entwickelte sich in der Qing-Dynastie (1644–1912) zu einem der wichtigsten chinesischen Handelsplätze.

Fast 14 Millionen Menschen sprechen den hiesigen Dialekt, das Schanghainesische.

Im frühen 17. Jahrhundert wurde Schanghai mithilfe eines Entwässerungssystems „trockengelegt“.

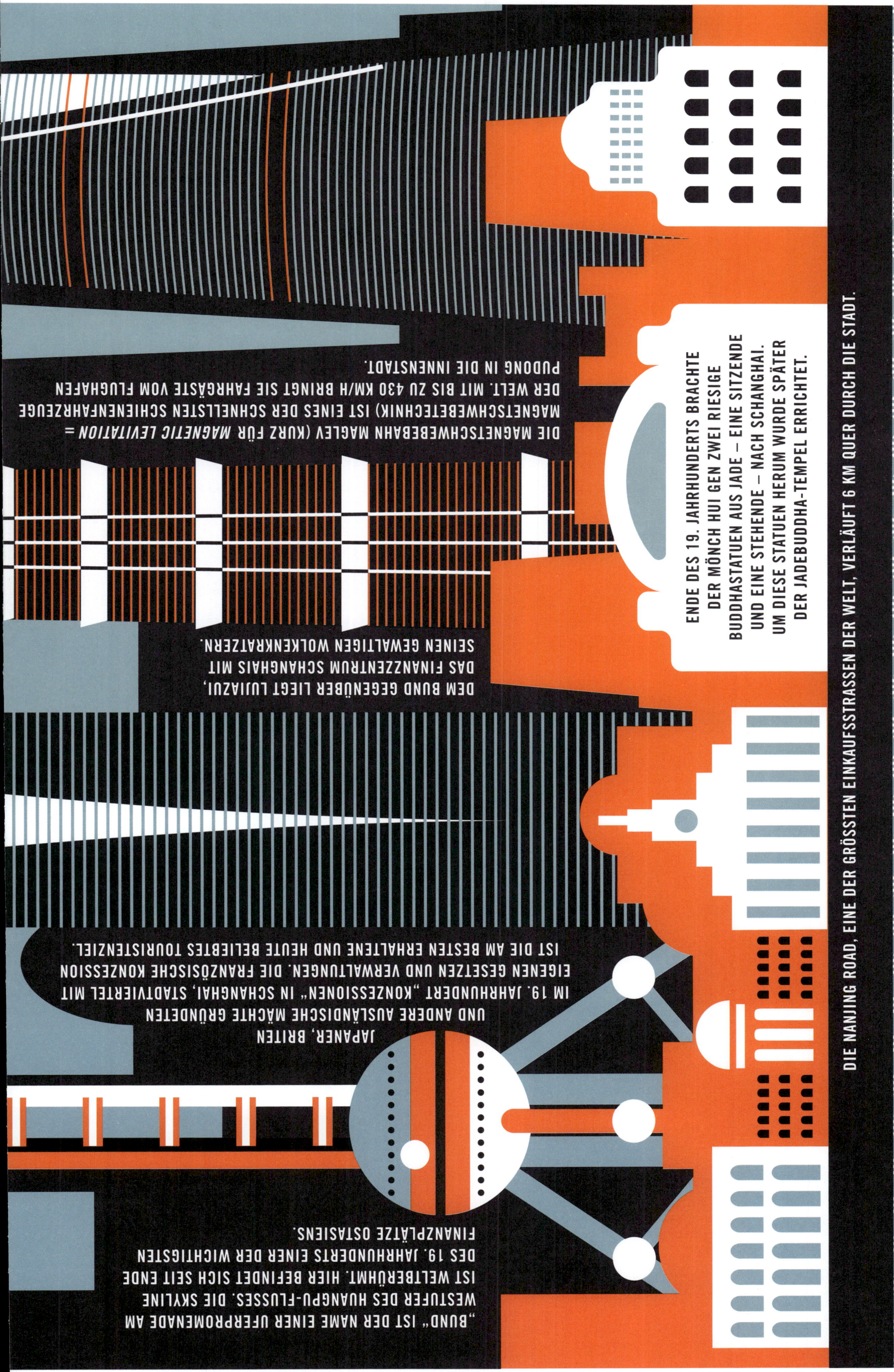

DIE NANJING ROAD, EINE DER GRÖSSTEN EINKAUFSSTRASSEN DER WELT, VERLÄUFT 6 KM QUER DURCH DIE STADT.

ENDE DES 19. JAHRHUNDERTS BRACHTE DER MÖNCH HUI GEN ZWEI RIESIGE BUDDHASTATUEN AUS JADE – EINE SITZENDE UND EINE STEHENDE – NACH SCHANGHAI. UM DIESE STATUEN HERUM WURDE SPÄTER DER JADEBUDDHA-TEMPEL ERRICHTET.

DIE MAGNETSCHWEBEBAHN MAGLEV (KURZ FÜR *MAGNETIC LEVITATION* = MAGNETSCHWEBETECHNIK) IST EINES DER SCHNELLSTEN SCHIENENFAHRZEUGE DER WELT. MIT BIS ZU 430 KM/H BRINGT SIE FAHRGÄSTE VOM FLUGHAFEN PUDONG IN DIE INNENSTADT.

DEM BUND GEGENÜBER LIEGT LUJIAZUI, DAS FINANZZENTRUM SCHANGHAIS MIT SEINEN GEWALTIGEN WOLKENKRATZERN.

JAPANER, BRITEN UND ANDERE AUSLÄNDISCHE MÄCHTE GRÜNDETEN IM 19. JAHRHUNDERT „KONZESSIONEN“ IN SCHANGHAI, STADTVIERTEL MIT EIGENEN GESETZEN UND VERWALTUNGEN. DIE FRANZÖSISCHE KONZESSION IST DIE AM BESTEN ERHALTENE UND HEUTE BELIEBTES TOURISTENZIEL.

„BUND“ IST DER NAME EINER UFERPROMENADE AM WESTUFER DES HUANGPU-FLUSSES. DIE SKYLINE IST WELTBERÜHMT. HIER BEFINDET SICH SEIT ENDE DES 19. JAHRHUNDERTS EINER DER WICHTIGSTEN FINANZPLÄTZE OSTASIENS.

SCHANGHAIS HAFEN IST WELTWEIT FÜHREND BEIM CONTAINERUMSCHLAG.

„SCHANGHAI“ BEDEUTET „ÜBER DEM MEER“.

EINWOHNERZAHL: 23,7 MILLIONEN

Schanghai liegt inmitten des Jangtse-Deltas auf sehr flachem Gelände: im Schnitt nur 4 m über dem Meeresspiegel.

In Schanghai isst man süß: Hier wird mit mehr Zucker gekocht als in anderen Regionalküchen Chinas.

Die Niederländische Ostindien-Kompanie errichtete in dem Gebiet zunächst einen Versorgungsposten für Handelsschiffe auf dem Weg nach Ostafrika, Indien und Fernost.

Knapp 50 km südlich von Kapstadt liegt nahe der Südspitze Afrikas das Kap der Guten Hoffnung.

Die San waren vor Zehntausenden von Jahren die ersten Jäger und Sammler, die in der Region lebten.

KAPSTADT

am Atlantischen Ozean und an der Küste der Tafelbucht gelegen

Die ersten Europäer, die Afrikas Südspitze entdeckten, waren portugiesische Seefahrer. Umsegelt wurde das Kap erstmals 1488 von Bartolomeu Dias auf seinem Weg nach Ostafrika, wo er Handelspartner gewinnen wollte. 1497 kam mit Vasco da Gama ein weiterer berühmter Seefahrer hierher. Er suchte einen Seeweg von Europa nach Indien.

„SPES BONA“

(Lateinisch für „gute Hoffnung“)

Zwischen August und November kommen Südkaper, auch Südliche Glattwale genannt, ans Kap, um sich zu paaren und später ihre Jungtiere aufzuziehen. Oft kommen sie der Küste so nah, dass man sie sogar vom Land aus beobachten kann.

Südkaper sind langsame Schwimmer. Auch deshalb lassen sie sich hervorragend beobachten. Man erkennt sie an der Kopfform, der verhornten Schnauzenspitze und an den zwei Blaslöchern. Sie werden 18 m lang und 80 Tonnen schwer.

AM BOULDERS BEACH AUF DER KAPHALBINSEL LEBT EINE KOLONIE BRILLENPINGUINE, DIE EINZIGE PINGUINART AFRIKAS.

Die meistgesprochenen Sprachen in Kapstadt sind Afrikaans, Xhosa und Englisch.

In der Umgebung von Kapstadt wurden 750 000 Jahre alte Faustkeile des Homo Erectus gefunden.

Seit mehr als zweihundert Jahren wird auf dem Signal Hill täglich um 12 Uhr eine Kanone gezündet.

EINWOHNERZAHL: 3,7 MILLIONEN

Die Stadt wurde offiziell am 27. Mai 1703 von Zar Peter dem Großen gegründet und nach seinem Namenspatron, dem Apostel Petrus, benannt.

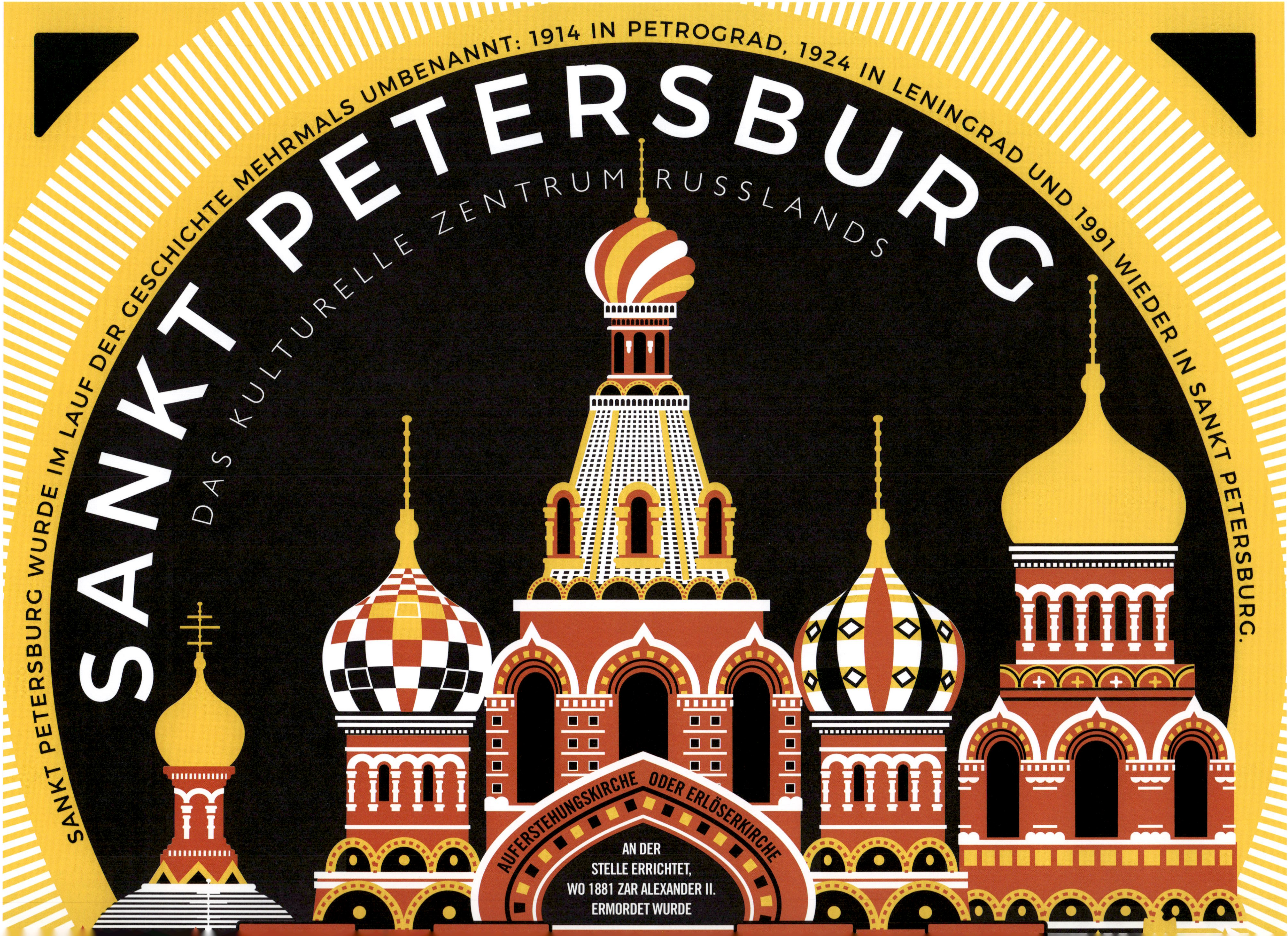

1712–28 und 1732–1918 war Sankt Petersburg Hauptstadt des zaristischen Russland.

Mit mehr als 50 Zarenresidenzen gilt Sankt Petersburg auch als „Stadt der Paläste“.

Die fast 900 Tage andauernde „Blockade von Leningrad" im Zweiten Weltkrieg war eine der längsten Belagerungen der Geschichte.

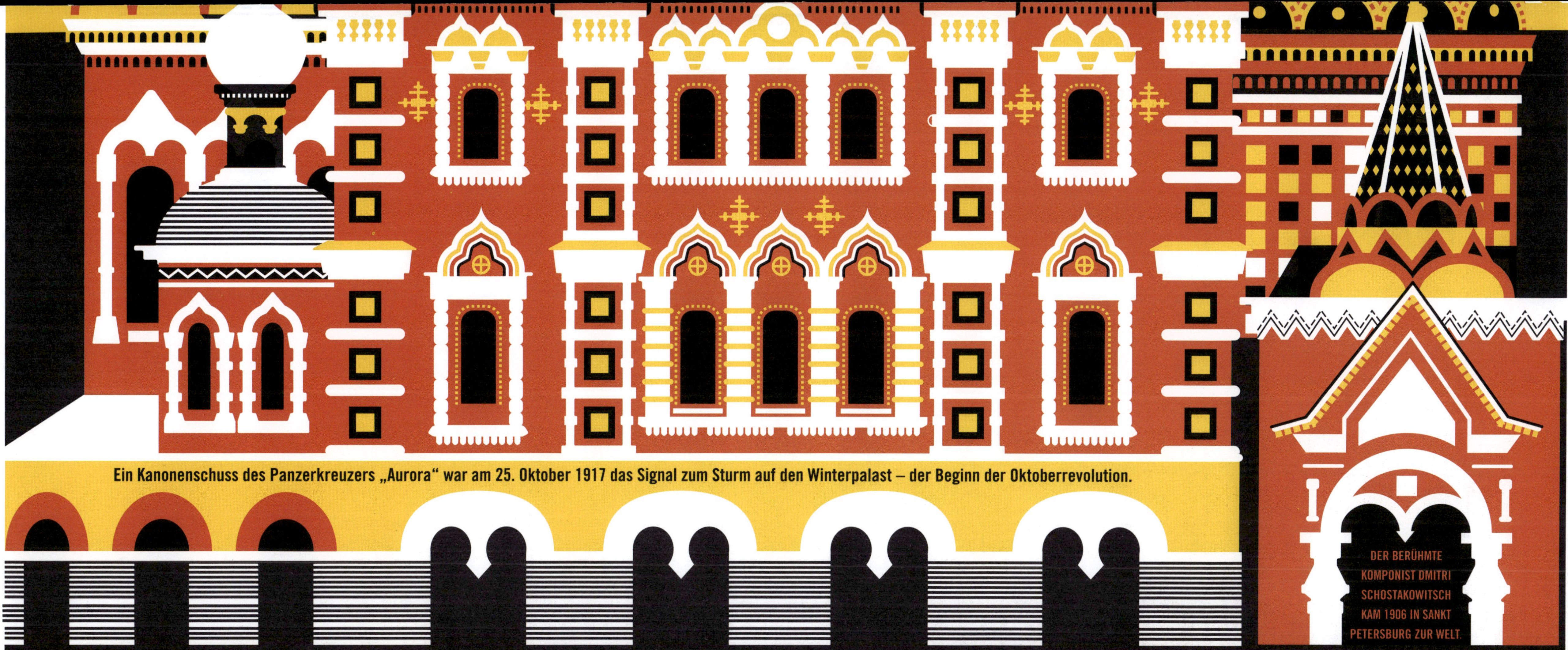

Ein Kanonenschuss des Panzerkreuzers „Aurora" war am 25. Oktober 1917 das Signal zum Sturm auf den Winterpalast – der Beginn der Oktoberrevolution.

DER BERÜHMTE KOMPONIST DMITRI SCHOSTAKOWITSCH KAM 1906 IN SANKT PETERSBURG ZUR WELT.

In Sankt Petersburg steht die Eremitage. Gegründet 1754 von Katharina der Großen, ist sie eines der bedeutendsten Kunstmuseen der Welt.

Ein Teil des Museums ist im grünweißen Winterpalast untergebracht. Er war 150 Jahre lang offizielle Residenz der Zaren, u a. lebte und starb Peter der Große hier. Nach der Oktoberrevolution 1917 wurde das Gebäude zum Museum erklärt.

Um jedes Kunstwerk in der Eremitage eine Minute lang zu betrachten, müsste ein Besucher dort acht schlaflose Jahre verbringen.

Die Hauptstraße ist der Newski-Prospekt, benannt nach Fürst Alexander Jaroslawitsch (1221–63, Spitzname „Newski"), der einer Legende zufolge als Heerführer den Einmarsch fremder Truppen an der Newa zurückschlug.

Am Newski-Prospekt stehen der Belosselski-Beloserski-Palast, die Kasaner Kathedrale, ein Gourmetkaufhaus, sechs Kirchen und ein großes Warenhaus aus dem 18. Jahrhundert, außerdem ein Denkmal für Katharina die Große, die Russische Nationalbibliothek und die Anitschkow-Brücke.

Das Mariinski-Theater hat weltberühmte Tänzer hervorgebracht, z. B. Vaslav Nijinsky, Anna Pawlowa und Rudolf Nurejew.

EINWOHNERZAHL: 5,2 MILLIONEN

Sankt Petersburg hat mehr als 200 Museen, die überwiegend in historischen Gebäuden untergebracht sind.

Mit 309 m ist der Sydney Tower das höchste Bauwerk der Stadt und der zweithöchste Aussichtsturm auf der südlichen Erdhalbkugel.
Sydney
AUSTRALIENS BEVÖLKERUNGSREICHSTE STADT
DIE SYDNEY HARBOUR BRIDGE WURDE ALS BRÜCKE MIT DER WELTWEIT GRÖSSTEN SPANNWEITE GEPLANT.
Der Spitzname der Sydney Harbour Bridge lautet „Kleiderbügel".
Der Bau der Brücke dauerte acht Jahre.
Das Opernhaus ragt an seiner höchsten Stelle 67,4 m über dem Hafenbecken auf.
Im gesamten Operngebäude wurden 6223 m² Glas verbaut.
Die Akustik im Konzertsaal ist bekanntermaßen mäßig, was vielen Musikern Probleme bereitet.
Die Oper wurde 1973 eröffnet. 10 000 Bauarbeiter brauchten zur Fertigstellung 14 Jahre, und mit 102 Millionen australischen Dollar kostete das Gebäude mehr als 14-mal so viel wie ursprünglich geplant.
Bei der Ausschreibung zum Bau der Oper wurden 233 Entwürfe eingereicht. Den Zuschlag bekam der dänische Architekt Jørn Utzon.
Vor mehr als 30 000 Jahren sollen sich in der Gegend rund um Sydney erstmals Aborigines niedergelassen haben.
Die Aborigines, die das Gebiet erstmals besiedelten, nannten sich Eora. Der Name setzt sich zusammen aus Ee („Ja") und ora („Platz").

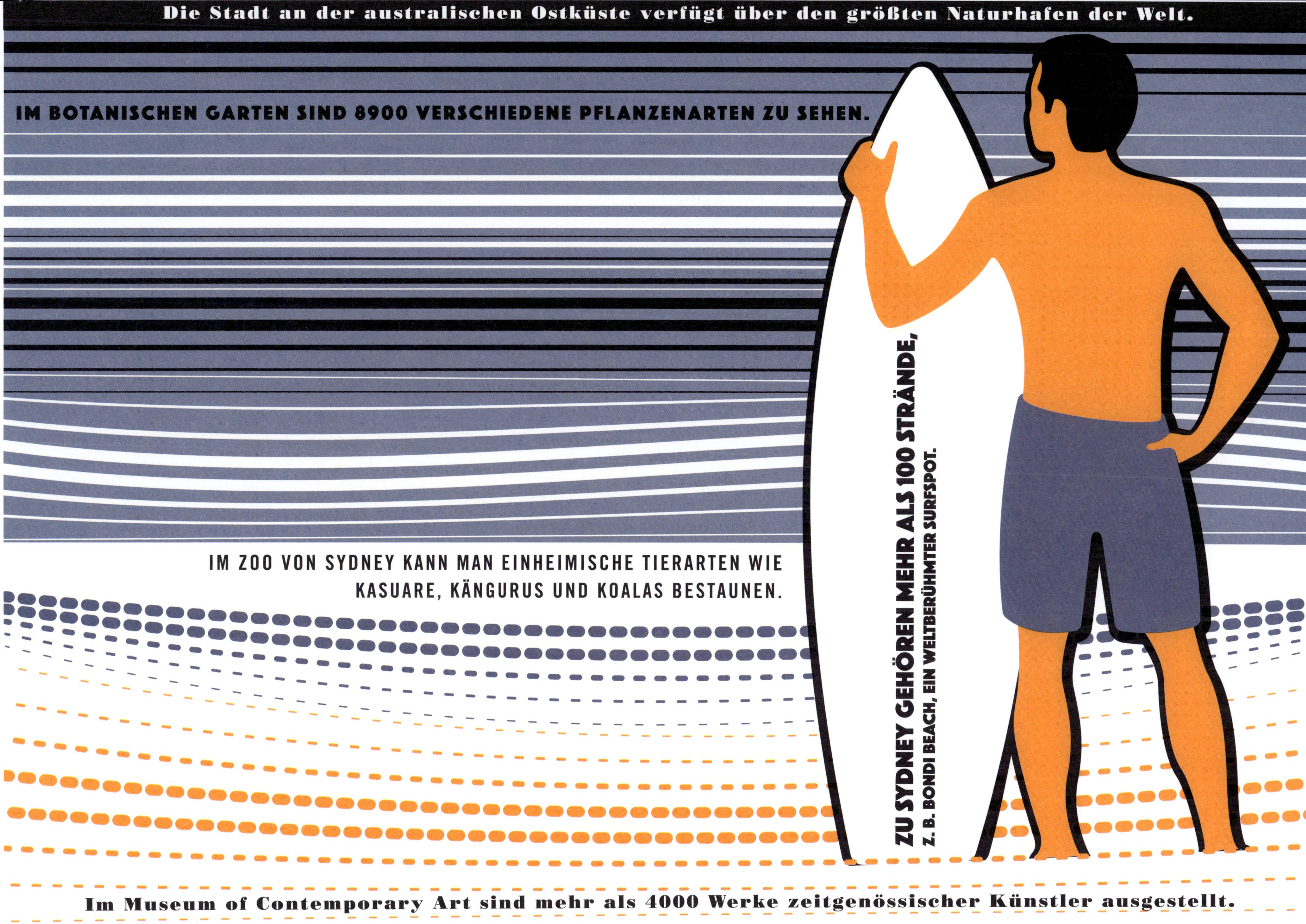

Die Stadt Sydney erkennt die Cadigal, einen Clan aus dem Eora-Stamm, als erste Besitzer des Landes an.

In Sydney werden rund 250 Sprachen gesprochen. Für fast 40 % der Einwohner ist Englisch nicht die Muttersprache.

Die Bewohner der Stadt werden Sydneysiders genannt.

EINWOHNERZAHL: 4,5 MILLIONEN

Quellennachweis der verwendeten Zitate:
Seite 24–25: Fernando Pessoa, Mar Portuguez / Portugiesisches Meer. Aus dem Portugiesischen von Georg Rudolf Lind. Aus: ders., *Esoterische Gedichte. Mensagem. Englische Gedichte.* © Ammann Verlag AG, Zürich 1989. Alle Rechte vorbehalten S. Fischer Verlag GmbH, Frankfurt am Main.
Seite 28–29: *Die Elenden* von Victor Hugo. J. Gnadenfeld & Co., Berlin o. J. Übersetzung von G. A. Volchert.
Seite 30–31: *Die unsichtbaren Städte* von Italo Calvino. Hanser, München 2007. Übersetzung von Burkhart Kroeber.
Seite 32–33: *Kirschblüten. Hanami. Ein Filmbuch* von Doris Dörrie. Diogenes, Zürich 2011.
Seite 42–43: *Konfuzius: Gespräche.* C. H. Beck, München 2005. Übersetzung von Richard Wilhelm.
Leider war es uns nicht in allen Fällen möglich, die Rechteinhaber ausfindig zu machen; alle Ansprüche bleiben gewahrt.

Der Verlag dankt für die freundliche Genehmigung zur Darstellung des Chrysler Building und des Namsan Tower. Die Darstellung des Sydney Opera House erfolgt mit Genehmigung – Sydney Opera House Trust 2017. Name und Design des Sydney Opera House™ sind geschützte Marken des Sydney Opera House™ Trust. Die Darstellung auf Seite 48–49 erfolgt mit freundlicher Genehmigung des CN Tower. Das Design des Empire State Building® ist eine geschützte Marke des ESTR Empire State Building, L.L.C. und wird mit Genehmigung verwendet. Leider war es uns nicht in allen Fällen möglich, die Rechteinhaber ausfindig zu machen; alle Ansprüche bleiben gewahrt.

Die Informationen in diesem Buch sind zum Zeitpunkt der Drucklegung sorgfältig geprüft worden. Der Verlag bittet jedoch zu beachten, dass es sich bei manchen Zahlen um Schätzungen handelt bzw. sie – wie zum Beispiel Einwohnerzahlen – einer steten Veränderung unterliegen.

Für Malissa. J. B.

Texte von Lily Murray

Die Originalausgabe erschien 2017 unter dem Titel
A World of Cities
bei Walker Books Ltd, 87 Vauxhall Walk, London SE11 5HJ

Übersetzung: Leena Flegler, München
Satz: typocepta, Köln

Printed in China

www.gerstenberg-verlag.de

ISBN 978-3-8369-5620-8